"Las 3 Cosas Que Necesita Saber Antes De Iniciar Su Franquicia En México"

Derechos De Autor © Sandro Piancone

Todos los derechos reservados.

ISBN: 978-1516861316
ISBN: 1516861310

ÍNDICE

INTRODUCCIÓN... 7

CAPÍTULO 1

MÉXICO – LA ECONOMIA DE LA OPORTUNIDAD PARA EL FRANQUICIADOR... 13

CAPÍTULO 2

LA HISTORIA ESTÁ DE SU LADO... 21

CAPÍTULO 3

SU NEGOCIO ES SU MARCA REGISTRADA................................. 29

CAPÍTULO 4

LAS MARCAS IDENTIFICAN, LAS ETIQUETAS EXPLICAN............. 35

CAPÍTULO 5

CLASIFIQUE SU PRODUCTO – ES SU DEBER............................. 39

CAPÍTULO ADICIONAL

¿QUÉ TAL QUE PUDIERAS VIAJAR DE REGRESO EN EL TIEMPO? - CHRIS MARTINEZ... 45

CASOS DE ESTUDIO.. 59

ACERCA DEL AUTOR.. 65

REGALOS GRATIS.. 67

TESTIMONIALS

"Finalmente puedo decir con confianza que he encontrado una empresa que brinda los servicios de importación necesarios para asegurar adecuadamente el paso de bienes a través de la frontera con cada envío hacia México. Con instalaciones en ambos lados de la frontera, Nery's Logísticas ha perfeccionado el arte de consolidar la venta de productos en E.U.A., pasar aduanas y distribuir eficientemente en todo México al mismo tiempo que brinda un excelente servicio y comunicación clara. Como una cadena que ahora ha probado 5 cadenas de proveedores diferentes en mar y tierra, Nery's ha respondido nuestro llamado de ayuda brindando una 'solución única' para todas las necesidades de distribución de nuestra franquicia."

Thomas Davis - Administrador de Distribución Global.

Front Burner Brands - The Melting Pot

"Sandro Piancone y su compañía han construido una cadena de distribución organizada del más alto nivel para apoyar a la cadena Little Caesar Pizza en todo México. Invirtieron en personal, almacenes y transporte para brindar un servicio completo para que tanto los alimentos como el equipo de cocina de la franquicia LCE en México creciera y floreciera. Además, a través de procesos estratégicos ejecutaron un plan de precios nacionales para asegurar que cada dueño de franquicia pagara el mismo precio por bienes para permitir que cada tienda tuviese ganancias sólidas. No puedo decir mejores cosas de Sandro Piancone y sus empleados, la confianza y recursos que brindan al trabajo como socios en las responsabilidades de distribución."

Matt Ilitch - Anterior Presidente de Blue Line Foodservice Distribution

"En el mundo de falsos expertos, Sandro es la diferencia. Es un maestro de la enseñanza paso a paso, sin mentiras ni adornos, de cómo llevar una franquicia a México. Su pasión y conocimiento se refleja en

cada página. Si alguna vez consideró hacer negocios en México, éste libro es para usted."

Dave Dee - Oficial en Jefe de Publicidad, GKIC.com

"Como el Director de Compras y R & D de Villa Enterprises, una cadena de 350 restaurantes, durante los últimos 9 años, exportando y distribuyendo en México ha sido mi más retadora responsabilidad. Increíblemente, es más fácil enviar contenedores a Kuwait que exportar a México. ¡Y no hay agua que separe E.U.A. y México! Tras muchos meses de pelear con esto, finalmente conocí a Sandro Piancone hace como un año. En esos 12 meses, Sandro ha dado a mi empresa la opción de distribución total en México con todos nuestros artículos impresos y propios, con total visibilidad. Incluido en ese servicio va la completa comunicación con nuestro equipo de operaciones en México y E.U.A. Sandro supera a sus competidores con sus capacidades incomparables que no ofrece ninguna otra opción de exportación o distribución. Se ha convertido en una sociedad mutuamente benéfica con comunicación honesta y abierta. Una relación en la que cada lado tiene un interés invertido en el otro."

Michael Rosen, Director de Compras y R & D de Villa Enterprises

"Como alguien que vive en E.U.A., con frecuencia olvidamos lo grande del mundo más allá de las fronteras. Nuestro mayor vecino, México, es un país que brinda una gran oportunidad de expansión para empresarios y franquicias. Este libro es un gran inicio para hacer exactamente eso."

Henry Evans – Autor best-seller, *The Hour A Day Entrepreneur*

Fundador, Timezone Marketing, Inc.

"Mi familia ha estado en el negocio de los alimentos desde 1963 surtiendo a varias cadenas grandes de pizzerías y otros alimentos en todo E.U.A. En 1993 formé parte de una Expo FAS de alimentos en la Ciudad de México patrocinado por la administración Clinton. En ese *evento hice todo mal y pasé cuatro días sin muestras, sin español y sin planes. No fue hasta que conocí al Sr. Piancone en 2012 que aprendí la gran oportunidad que existe de vender en México. Así, en 2014 fui invitado a unirme al CEO tour en Guadalajara y visitar la convención ANTAD, donde aprendí que el evento valió cada centavo y tiempo empleado expandiendo nuestro negocio en México."*

Patrick E. Spaulding – Presidente de Spaulding and Associates

"El conocimiento de Sandro Piancone sobre cómo ser exitoso en México es clave. Nadie ha hecho más trabajo que él, él ha logrado encontrar los primeros 'desastrosos pasos' hasta el detalle de '¿y cómo supo eso?'. Cualquier empresa que elija entrar a México sin seguir sus 'Mexpertos' consejos nunca logrará el éxito, y puede que no existan dentro de unos años. ¡Una lectura NECESARIA!"

Don Vlcek - Marco's Franchising LLC, Vicepresidente de Compras. Presidente, Marco's Pizza Distribution LLC

Introducción
CONÓZCA AL MEXPERTO

Hola, mi nombre es Sandro Piancone. Soy el Oficial Mexperto en Jefe de México Franchising Made Easy. Y si se lo está preguntando, sí, "Mexperto" es una palabra real, o al menos lo es ahora. La hice marca registrada. Me llamo el Mexperto por una razón. No soy un Mexperto por tener un título de ventas en México, o por tener un título en finanzas y negocios internacionales, sino porque he cometido más errores que cualquier persona leyendo este libro. He empleado más dinero cometiendo estos errores para que usted no tenga que hacerlo. Podría escribir una novela sobre los errores que he cometido. Mi equipo y yo nos aseguraremos que usted y su negocio no cometan los mismos errores que yo he cometido en los últimos 14 años.

Claro que al cometer errores también he logrado jonrones y éxitos. Desde 1998, he generado más de 500 millones de dólares en ventas y ganancias para mis clientes y socios ayudándoles a exportar sus productos a México. *Por ello nombré a este libro " Las tres cosas que necesita saber antes de iniciar su franquicia en México".* Mis clientes han encontrado riquezas en México. ¿Por qué no usted? Siga leyendo…

Mi biografía dice que soy un Director Ejecutivo en recuperación de una compañía pública de distribución de alimentos en México. Tomé una idea y la convertí en una compañía que se volvió el primer distribuidor nacional de productos importados a México, yendo de 0 a $100 millones de dólares en ingresos anuales en menos de 3 años. Pero esa es una historia para otra ocasión y para otro libro: las heridas aún duelen.

No recuerdo ser tan optimista sobre las oportunidades de compañías estadounidenses exportando a México como lo soy actualmente. No son solamente las dinámicas de la economía mexicana, pero con la economía una vez más ralentizándose en E.U.A. las oportunidades a nivel mundial están listas para ser tomadas.

Siempre tuve mis dudas sobre las desventajas de la zona de libre comercio. Los políticos que han intentado culpar las debilidades en nuestra propia economía al mecanismo del TLCAN han cambiado en los gobiernos pero el TLCAN sigue aquí y de hecho funciona sorprendentemente bien y hace lo que tanto los presidentes Reagan como Clinton pensaron que haría.

Una de las políticas centrales de Obama en su campaña de elección en 2008 era desintegrar el TLCAN, una política que afortunadamente ha desaparecido.

Miremos a México y a por qué creo que es un gran lugar para hacer negocios ahora.

En los últimos 20 años México ha empezado a posicionarse en el mundo. Es ahora la 12a economía a nivel mundial y se está intentando adelantar hacia un lugar entre los primeros 10. La economía mexicana ahora está enfocada al sector de servicios. Con un énfasis dirigido a su sistema educativo, la realidad de México se mueve hacia una sociedad que depende en el sistema bancario, financiero, de seguros y de ventas.

Esta es una gran oportunidad para exportadores estadounidenses, no solo en alimentos y bebidas, sino todo tipo de bienes dirigidos a una clase media consumista mexicana en rápido crecimiento. México es una sociedad joven, una que crece en poco más del 1% cada año. Eso no es una explosión de población, pero con las aspiraciones educativas ahora existentes dentro del país, así como el crecimiento económico que se ve ahora y en el futuro, es probable que el número de consumidores de clase media crezca rápidamente de los 50 millones o más que se encuentran ya en ese grupo. Y ese es un mercado potencial enorme para todos los negocios en E.U.A.

Este potencial es muy evidente en el mercado de las franquicias, actualmente el sector de mayor crecimiento en la economía mexicana. En bienes, alimentos y servicios, el crecimiento de los negocios supera a los demás en México, creando una nueva raza de empresario mexicano.

Un indicativo del potencial de crecimiento disponible en México es el crecimiento de la economía mexicana y sus ventas. México tuvo un horrible colapso de su economía como resultado de la crisis global financiera, pero el país se recuperó rápidamente. Es una muestra de la estabilidad política de la nación, y buen manejo económico, el que su recuperación haya sido rápida, y su economía continua creciendo más rápido que sus vecinos TLCAN. El IMF predice crecimiento durante los siguientes dos o tres años, con algunos de los crecimientos más rápidos de la actualidad. Y ese crecimiento se encuentra a nuestras puertas, sin cruzar océanos ni medio mundo.

También soy fanático de la manera en que el gobierno mexicano tiene una mano real controlando sus finanzas. El déficit presupuestario y deuda nacional neta son menores que los de E.U.A., no solo en términos absolutos sino en términos del PIB. Esto le da al gobierno mexicano una fuerza importante contra futuras sorpresas económicas.

Los tiempos son difíciles en E.U.A., y parece permanecerán difíciles por un tiempo. Los impuestos están aumentando, los gastos del gobierno disminuyen en respuesta a la gran deuda. México no tiene estos problemas. Esas son buenas noticias para el empleo allá, con desempleo por debajo del 5%, lo cual es bueno para las ventas. Y eso estimula muchas importaciones desde los E.U.A. Además está la gran oportunidad que ahora vemos debido a la apertura de la industria del petróleo mexicano, que se considera en sí mismo un contribuyente principal de crecimiento por muchos años por venir.

Tomando todo en consideración, es un gran momento para hacer negocios en México. Y esto me trae a comentarle como puede involucrarse si aún no lo está, y como mejorar procesos y procedimientos que llevaran sus productos al otro lado de la frontera y al punto de venta con mayor rapidez y eficiencia, permitiéndole a su franquicia crecer y llegar al éxito.

He estado en negocios desde que era un niño. He creado negocios de la nada y los he vendido al avanzar a otros retos. Una gran parte de la historia de mi carrera se basa en el negocio de bebidas y alimentos, y he fundado y creado cadenas de restaurantes de comida rápida y tradicional, así como compañías de exportación. Supongo que realmente he estado buscando el negocio que me diera la mayor satisfacción. Y eso es lo que he encontrado con México Franchising Made Easy.

Caí en cuenta de que hay muchos negocios cometiendo errores en común, y por ello no lograban ganar riquezas en México.

Eventualmente, cuando algunos empresarios estadounidenses encontraron sus productos listos para venderse en México, los márgenes de ganancia habían sido desechos debido a estos errores comunes. Para mí, esto era un gran desperdicio, por lo que decidí hacer algo al respecto y fundé México Franchising Made Easy.

Uno de los errores principales de las compañías que quieren exportar a México es saltar sin planear adecuadamente su entrada a este lucrativo mercado. Le sorprendería saber cuántas compañías conozco en exposiciones que han gastado miles de dólares para la exhibición pero no han pensado en registrar sus productos, no han etiquetado según la NOM-51 para alimentos y bebidas, y ni siquiera conocen el número HS de sus productos. Estas compañías se aceleran para arreglar todo, recibir órdenes y después se dan cuenta que no pueden cumplir esas órdenes porque no se han tomado el tiempo para completar los requisitos básicos de exportación a México. Se pierden las órdenes y el nombre de la empresa queda mal antes de haber empezado

Eso es lo que toca este libro, y lo primero que hace MFME. Hablaremos sobre su negocio, sus metas y su mercado potencial. Haremos el trabajo requerido en preparación para el éxito. Nos encargaremos de su papeleo, asegurar que sus productos se encuentren clasificados adecuadamente, registrando marcas para proteger su negocio de copias, y asegurarnos que todas sus etiquetas sigan las regulaciones actuales.

Demasiadas compañías subestiman la dificultad y duración de este proceso. Ya que tenemos muchos años de experiencia que nos respaldan, y es lo que hacemos a diario, cada día de la semana, cada semana del año, hacemos esta parte del proceso lo más fácil posible.

Una vez las bases para la exportación se han realizado, puede empezar el proceso real de vender en México. Y esto es en lo que usted es bueno: es su producto y su mercado. Consideramos nuestra responsabilidad ayudarlo con esta parte de su negocio, después de todo, usted es nuestro cliente, y su éxito es nuestro éxito. No podemos involucrarnos directamente, pero podemos darle los recursos que necesita para iniciar sus ventas.

Mi segundo libro, "¿Cómo se venderá mi producto en México?" concentra muchas de sus páginas en esta segunda etapa de vender franquicias en México, las ventas, encontrar franquiciadores, cómo hacer ferias y expos, da consejos sobre acercamientos, a quién acercarse, etc.

Finalmente, una vez que tiene el modelo de franquicia, es momento para las ventas del producto. Y aquí volvemos al juego, trabajando en conjunto y proactivamente con usted.

Nosotros nos encargamos de todos sus papeleos de importación. Tras dos décadas de trabajar con oficiales de aduanas mexicanos, no solo conocemos y entendemos las reglas, regulaciones y métodos, sino también conocemos a muchos de esos oficiales como si fueran familia. Trabajamos juntos para asegurar que sus exportaciones a México se lleven a cabo adecuadamente.

Nosotros recomendamos una compañía de clase mundial en logística, uno de nuestros clientes Titanio cuyos almacenes son de los mejores en el país. Se aseguraran de que sus bienes se trasladen a su destino final lo antes posible, pero mientras esperan inspección y papeleo, estarán resguardados bajo vigilancia en video 24 horas, guardias de seguridad dedicados, y el paquete más completo de aseguramiento disponible.

Hablamos En Un Idioma Que Usted Entiende

Muchas compañías creen erróneamente que el mercado mexicano está cerrado para ellos porque no hablan español.

Nuestros representativos son expertos en la importación de bienes y servicios a México. Y son trilingües: hablan naturalmente español e inglés, igual que su tercer idioma: los tecnicismos de leyes de importación y aduanas. Explicamos todo lo que necesita saber en inglés (o español) sencillo. Esto significa que usted entiende lo que se requiere, cuando, y por qué. No hay ambigüedad, no hay malos entendidos, ni errores en la traducción.

México Franchising Made Easy también se asegura de mantenerlo actualizado con cambios en las leyes o regulaciones de importación.

De hecho, con nuestro dedo firmemente ubicado en el pulso de las leyes de importación y regulaciones de aduanas, con frecuencia tenemos conocimiento por adelantado de estos cambios. Esto significa que podemos ser proactivos en nuestro acercamiento a sus requisitos para exportación y ventas en México.

Finalmente…

Tengo tanta confianza en México como un lugar para vender, y en la habilidad de MFME para ayudarle a aumentar su negocio y sus ganancias, que he puesto en este libro todo lo que debe saber para poder comenzar a exportar.

Y quizá ese sea el punto. Así funciona MFME. Trabajamos con usted, nuestro cliente, manteniéndolo totalmente informado de cada paso que tomamos y porqué lo tomamos. Su negocio es vender. Nuestro negocio es llevarlo a usted y a su producto al lugar donde pueda vender: México.

Por favor visite el sitio web de MSFE, www.mexicofranchisingmadeeeasy.com, y averigüe más sobre el negocio, y sobre cómo podemos ayudarle con sus exportaciones a México, y preguntar cualquier duda que pueda tener.

Atentamente

Sandro Piancone

Oficial Mexperto En Jefe

Capítulo 1

MÉXICO – LA ECONOMÍA DE LA OPORTUNIDAD PARA EL FRANQUICIADOR

Hechos que debe saber

No muchas personas saben qué tan grande es la economía mexicana, o que tan rápido se desarrolla su importancia mundial. De hecho, si pidiera nombrar los G20, lo más probable es que apareciera en los últimos listados, si apareciera del todo.

Pero con una economía medida en billones de dólares, México tiene el lugar número 11 en las economías más grandes. Es un gran mercado de exportación para compañías estadounidenses. El mercado entre E.U.A. y México alcanzó los $507 mil millones en 2013, y sigue creciendo. Esto no es sorprendente, pues México tiene una gran población (con 120 millones de residentes es el país hispánico más grande por población), y una fuerza de trabajo joven y vibrante. Con más de 51 millones, México tiene la 13ª más grande fuerza de trabajo en el mundo (y una tasa de desempleo menor al 5%).

La edad promedio en México es 27 años y medio, justo alrededor de la edad que el manejo financiero se convierte en gastos reales de consumidor. La mitad de los habitantes de México se consideran clase media, y solo el 7% son mayores de 65 años (aunque la esperanza de vida es de 77 años). Es fácil ver que una porción considerable de la población se encuentra en el modo de vida de crecimiento del hogar y gastos.

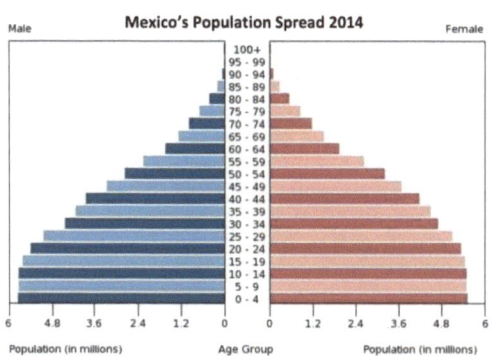

Y las buenas noticias no acaban ahí. El gobierno mexicano está implementando programas dirigidos a hacer del país uno de los países con mejor educación. Los niños y jóvenes están siendo alentados a permanecer en la escuela más tiempo y el número de graduados resultado de estas políticas continúa aumentando.

Muchas personas piensan en México como un país altamente agricultor, seudo-tercermundista, pero eso no podría estar más lejos de la realidad. Tiene una base de consumidores en rápido crecimiento y un sistema social que estimula un aumento de la educación, que ha redituado en una tasa de alfabetismo del 86% entre adolescentes. La economía mexicana es diversa y de rápido crecimiento. Más del 90% de su comercio se lleva a cabo bajo acuerdos de libre comercio con más de 50 países.

Las bases industriales de México son un 37% de su economía, mientras que la agricultura es menos de un 4%. El sector de servicios en México compone el resto del país, y probablemente continúe en expansión.

Todos estos hechos son razones para que los exportadores estadounidenses permanezcan optimistas sobre las posibilidades de negocios en México, pero las buenas noticias no se detienen ahí.

Una economía en crecimiento

México fue afectado gravemente por la crisis financiera de 2008, y vio una reducción de su economía del 6.2% en 2009 como resultado. Pero el gobierno tomo medidas prontas y notables, y ha manejado bien la economía desde entonces. Como consecuencia, el rebote ha sido excelente.

En 2010, el PIB aumento en un 5.4% y esto llevó a un aumento del 4% de su economía en 2011 y luego de 3.6% en 2012. Este crecimiento disminuyó a 1.4% en 2013, y el Fondo Monetario Internacional, o IMF, estimó que el crecimiento en 2014 fue de 2.1%, y en su más reciente reporte (Diciembre 2014) espera que la economía mexicana crezca en un 3.2% y un 3.5% en 2015 y 2016 respectivamente, el más veloz crecimiento de todos los países latinoamericanos y más rápido que la Unión Europea y EUA (en 2016).

En una economía mundial que tiene problemas, el futuro de México se ve mejor que muchos.

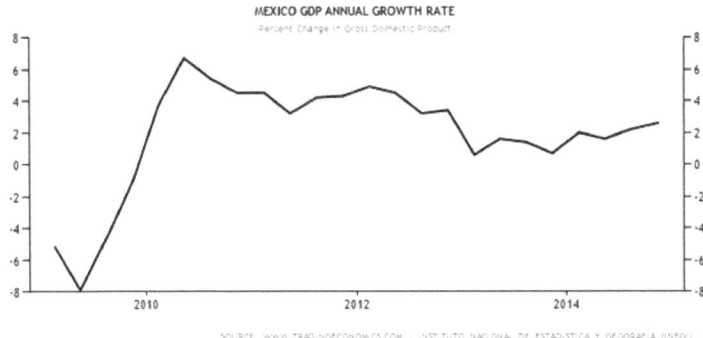

México tiene mucho espacio para continuar este nivel de crecimiento económico durante años. Hemos visto el potencial de crecimiento de su población, pero las políticas de manejo económico de su gobierno no deben ser subestimadas. Hizo gastos fuertes para cambiar la economía en aquellos oscuros días de 2009, y aun así el déficit presupuestario solo es el 2.5% de su PIB. La deuda pública neta de México es solo el 37.7% del PIB. Compare estos números con el déficit presupuestario de E.U.A. que se encuentra en un 8.25% del PIB y la deuda neta de un 70% del PIB.

Con una tasa de desempleo de solo el 4.9%, una economía diversa enfocándose hacia el sector de servicios y una población cuya mentalidad de consumidor crece junto con su nivel creciente de educación, es fácil ver que México es un excelente mercado para exportaciones de los Estados Unidos por muchos años por venir.

Todos estos hechos son grandes noticias para esas compañías que buscan exportar a México o abrir franquicias en el país. Cada día, aproximadamente $1.25 mil millones de bienes y servicios cruza la frontera entre ambos vecinos. El país se considera tan importante a las fortunas de negocios estadounidenses que los negocios en E.U.A. han invertido más de $150 mil millones en México desde el año 2000.

¿Crecerá más el comercio mexicano?

Otra parte del crecimiento económico en México será el mercado energético, que está pasando por un periodo de reformas masivas. A lo largo de los últimos 12 meses, se iniciaron leyes que han abierto el mercado petrolero mexicano a las empresas estadounidenses. Se estima que México tiene más de 110 mil millones de barriles de petróleo, y parece que los acuerdos del TLCAN serán reescritos para retirar exclusiones que existían previamente bajo este tratado.

Parece probable que las compañías estadounidenses busquen expandir sus actividades de exploración de gas y petróleo hacia México. De hecho, varios acuerdos ya han sido firmados, tales como la compra de una [inversión de mayoría en Fermaca](#) (el líder de infraestructura de transporte de gas en México) por Partners Group. Es probable mayor expansión estadounidense, incluyendo provisiones de navíos de apoyo en las costas. Las leyes mexicanas prohíben dichas operaciones si son realizadas por compañías no nacionales, pero con la relajación del mercado y otras legislaciones, las compañías estadounidenses ya se encuentran en conversaciones sobre actividades conjuntas con sus contrapartes mexicanos.

Es probable que aumente la producción de petróleo en México, pero también el crecimiento rápido de importaciones baratas. Los generadores de electricidad al sur de la frontera ya están invirtiendo en oleoductos que transporten petróleo barato hacia México desde E.U.A., y con la caída reciente del precio de petróleo, el consumidor mexicano podría ver un aumento que añadiría miles de millones a su PIB en los próximos años.

Si aún no está convencido de la oportunidad que representa México para su negocio de franquicias, entonces quizá debemos compararlo con otro destino popular de exportaciones, uno no solo popular sino también considerado por varios como el salvador de los negocios estadounidenses.

China o México: la elección es suya

China es la segunda economía mundial y se ha dirigido a una sociedad más capitalista y dirigida por consumidores durante su periodo de rápido crecimiento. Pero el Fondo Monetario Internacional (IMF) predice un rápido frenado en su tasa de crecimiento en los próximos años, y esto afectará las oportunidades de importaciones y comercio.

Mientras discutimos las importaciones de China, recordando que lo que realmente nos interesa son las exportaciones de E.U.A. a China, es importante notar el tamaño del mercado para las compañías estadounidenses. Y aquí no estamos considerando el tamaño de la población, sino el mercado real en efectivo. Las razones para examinarlo de esta manera se aclararán en los siguientes párrafos.

En 2014, las compañías estadounidenses exportaron $124 mil millones en bienes y servicios a China. Compare este número con los $240 mil millones en exportaciones a México (www.census.gov).

Quizá revisar la composición económica de México ayudará a explicar mejor la ventaja de exportar a México y no a China.

La economía mexicana se encuentra orientada al sector de servicios. Aunque la industria contribuye en buena proporción al PIB, y a los empleos, México depende cada vez más de los bienes importados. Las principales exportaciones de E.U.A. a México incluyen maquinaria mecánica, equipo electrónico y eléctrico, partes de motor, combustibles, aceites, y plásticos. Añada a esta lista los productos para el consumidor, alimentos y bebidas, y comenzará a tener una idea de la importancia del comercio en México y las importaciones de E.U.A.

China, por otro lado, continua siendo una nación industrial. Compra la materia prima y produce bienes para venta nacional y para el mercado de exportación. Los chinos están intentando encender el poder de sus consumidores, pero esto será para el beneficio de sus propias industrias y no para el crecimiento rápido del mercado de importación. Para poner en perspectiva, $124 mil millones de bienes y servicios de E.U.A.

fueron exportados a China, mientras E.U.A. importó de China la cantidad de $466 mil millones en bienes y servicios.

Pero no es solo la diferencia sistémica de las economías que hace a México una propuesta más atractiva para compañías que quieren aumentar sus ganancias a través de las exportaciones. Geográficamente, México es una opción más accesible para los exportadores en E.U.A.

México: una sola frontera

México y E.U.A. comparten una frontera de 2,000 millas. También comparten responsabilidades y labores policíacas, de transporte, medioambientales y de telecomunicaciones. En 2010, los presidentes Obama y Calderón crearon el Comité Directivo para el Manejo de Fronteras del Siglo XXI, y existen iniciativas entre ambos países para promover el comercio. La mayor iniciativa es aquella cuyo nombre conoce casi todo el mundo: el Tratado de Libre Comercio de América del Norte (TLCAN).

Como tal, existen pocos tratados entre E.U.A. y China. Y existe una gran distancia entre E.U.A. y China, sobre océanos.

Es mucho más sencillo transportar bienes a México, por carreteras o ferrocarril, y los acuerdos de comercio entre ambos países han permitido mayor intercambio y unión cultural. A pesar de que una gran proporción de los mexicanos hablan español, la creciente educación del país y una población de más de 1 millón de estadounidenses expatriados están cambiando estos factores rápidamente.

Lo que todo esto significa para las oportunidades de franquicia

Hemos visto que México es un país grande, con una población joven y vibrante, y que su economía es dominada por servicios y consumismo. Sus posibilidades de crecimiento son enormes y sus vínculos con E.U.A., incomparables. Pero, ¿cómo se traduce esto a las oportunidades de franquicias?

Las franquicias son uno de los sectores poderosos de la economía mexicana. Crecen a una increíble tasa de **alrededor del 10% anual**, y de acuerdo a los investigadores Feher & Feher, México es de los primeros 10 desarrolladores de franquicias en el mundo.

El mercado es apoyado por fuertes leyes, con más de 1500 marcas actualmente en franquicia en 75,000 puntos de venta. Alrededor de 900,000 personas están empleadas por el mercado de franquicias en México. La mayoría de estas franquicias son estadounidenses, aunque alrededor del 80% son marcas mexicanas.

El marco legal bajo el cual el mercado de franquicias mexicanas funciona está relacionado con leyes de marcas registradas y es promovido por el Programa Nacional de Franquicias (PNF). Este programa promueve la inversión en franquicias, con el objetivo de aumentar empleo en el sector. Junto con la Secretaría de Economía y la Asociación de Franquicias Mexicanas, el PNF brinda oportunidades a empresarios mexicanos de crear o reinventar oportunidades de franquicia, lo cual incluye brindar apoyo a inversionistas que buscan adquirir conceptos de franquicias internacionales.

Oportunidades ideales de franquicias y productos

El sector de alimentos y restaurantes siempre ha sido un modelo de franquicia exitoso y popular en México, aunque el sector de servicios ahora está en rápido crecimiento también. En particular, los cuidados de salud a domicilio y los conceptos de entretenimiento para niños están creciendo bien, al igual que el mejoramiento casero, los servicios de negocios y el sector de hospitalidad.

Las marcas y productos estadounidenses son aceptados fácilmente por el consumidor mexicano, y se espera que las oportunidades de franquicia continúen en alta demanda en los años por venir mientras los inversionistas buscan innovar en mercados secundarios.

Considerando todo, un gran lugar para exportar, pero tiene dificultades

México tiene una fuerte economía en crecimiento y grandes vínculos de comercio con E.U.A. Su ambiente de negocios y su economía son más redituables al exportador estadounidense que los de China, y los medios de transporte existen ya y son fáciles de conseguir. Aún así, las compañías en E.U.A. con frecuencia subestiman las oportunidades de cruzar la frontera, o consideran que se encuentra repleta de asuntos administrativos y legales con los que se debe lidiar, que causan más costos que ganancias finales.

Si bien es cierto que existen asuntos administrativos y legales por enfrentar: los bienes deben estar adecuadamente clasificados y valuados para propósitos de impuestos; deben estar acompañados por certificados TLCAN completos (si se originaron en el TLCAN); y la documentación de exportación puede ser un poco problemática.

Existen historias de horror de las más grandes compañías de E.U.A. fallando, presas del proceso de importación mexicano, y quizá son estas historias las que causan tal pesimismo entre posibles exportadores. Y por ello es imprescindible usar a los Mexpertos adecuados: alguien que tenga los contactos, la experiencia y el conocimiento para asegurar que sus exportaciones pasen aduanas y lleguen a sus clientes a tiempo y sin costos innecesarios para usted.

Capítulo 2

LA HISTORIA ESTÁ DE SU LADO

A continuación una lección en historia que probablemente no se enseña en escuelas o universidades. No es sólo la economía actual que llama al franquiciador. Igual que un inversionista que quiere ver el fondo y la historia detrás de una inversión antes de comprometerse, también lo debe hacer un negocio de exportación y franquicias. Y en este sentido, México se ubica mejor que otros mercados para E.U.A. Las relaciones siempre han sido cercanas entre las dos naciones, incluso si a veces han sido tensas. Las relaciones comerciales iniciaron su ascenso a inicios de los 90's, con la introducción del TLCAN.

TLCAN – Una breve historia

El Tratado de Libre Comercio de América del Norte (TLCAN) fue firmado por el Presidente de E.U.A. George H.W. Bush, el Presidente mexicano Salinas y el Primer Ministro canadiense Brian Mulroney en 1992. Fue ratificado por las legislaturas de los tres países en 1993 y entro en vigor el 1º de enero de 1994. El TLCAN creo la zona de libre comercio más grande en el mundo. Ha reducido los costos del comercio, aumentado la inversión de negocios y aumentado la competitividad mundial de los tres países.

Pero no fue George H.W. Bush el primero en considerar la importancia de una zona de libre comercio, ni el Presidente Clinton, a pesar de ser considerado uno de sus primeros éxitos. El concepto del TLCAN se originó con el Presidente Ronald Reagan, después de que el Congreso acepto el Acta de Comercio y Aranceles (Trade and Tariff Act) en 1984. Fue esta acta que permitió al presidente negociar tratados de libre comercio y canceló la habilidad del congreso para cambiar alguno de los puntos de negociación. Reagan pudo ver cuán exitoso era el tratado de libre comercio de la Unión Europea en la totalidad del continente europeo, y se fijó la meta de crear un tratado similar de este lado del océano Atlántico.

Su primer paso fue el Tratado de Libre Comercio entre Canadá y E.U.A. en 1988, cuyo éxito alentó al Presidente Bush a comenzar negociaciones con México para lograr un resultado similar. Uno de los enfoques principales fue nivelar el campo entre los aranceles de importación y exportación. Antes del TLCAN, los aranceles mexicanos sobre las importaciones de E.U.A. eran un 250% más alto que los aranceles estadounidenses sobre las importaciones mexicanas, un desbalance problemático para los negocios en ambos lados de la frontera. Con estas negociaciones en camino, Canadá solicito un acuerdo trilateral, y esto llevo a la firma del TLCAN para los tres países...

El TLCAN trae ventajas…

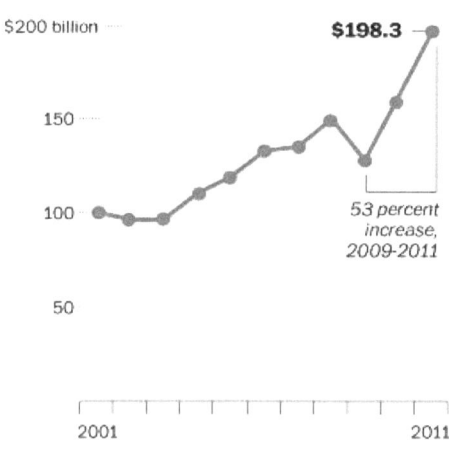

En menos de 20 años, el TLCAN ha ayudado a quintuplicar el comercio entre los tres países miembros. En 1993, el comercio entre E.U.A., Canadá y México se encontraba ligeramente por debajo de los $300 millones. En 2011 este había crecido a más de $1.7 billones. Las exportaciones estadounidenses dentro del área han crecido a más de $450 mil millones, más de la mitad de los cuales fueron a México (ver tabla).

Las importaciones a bajo costo a los E.U.A. también han aumentado, a más de $570 mil millones. Las exportaciones de petróleo mexicano a los E.U.A. se han visto beneficiados por el retiro de aranceles, lo que ha ayudado a mantener los precios de combustible en E.U.A. a menor precio.

Adicionalmente, las exportaciones de granjas estadounidenses han sido uno de los mayores beneficiarios, con aranceles mexicanos más bajos que estimularon un crecimiento de más del 150% en este sector.

…pero también tiene desventajas

Ross Perot dijo en 1992 que creía que el TLCAN les costaría millones de trabajos a los estadounidenses. De hecho, predijo que se perderían 5 millones de trabajos por México. Perot estaba equivocado. Este no ha sido el caso, a pesar de que ha habido alguna migración de compañías, y por ende de trabajos, a la base laboral de menor costo en México. El TLCAN pudo también haber mantenido la inflación de salarios bajo control en los E.U.A. La amenaza del traslado de fábricas y capacidad de producción hacia México es vista por sindicatos y trabajadores estadounidenses como una amenaza muy real.

Pero los efectos sobre los trabajos no eran unilaterales. La agricultura en México sufrió debido al subsidio de corporaciones granjeras en E.U.A. importando productos baratos de Estados Unidos. Con negocios estadounidenses estableciéndose en México, el movimiento sindical y subsecuentemente las leyes de trabajo mexicanas han sido reforzadas. Antes del TLCAN, los trabajadores mexicanos no tenían derechos laborales o protección a la salud. Ahora, más de la tercera parte de su fuerza laboral se encuentra en el programa 'maquiladora' que les da dichos derechos y protección.

TLCAN: los beneficios aumentan el comercio

La eliminación de aranceles costosos ha ayudado a reducir la inflación en E.U.A. al disminuir el costo de las importaciones de ambos países vecinos, particularmente México. Esto ha ayudado a crear un periodo sin precedentes de bajas tasas de interés, lo que ha ayudado a adquirir hogares con menores tasas hipotecarias y ha promovido los negocios de ventas.

Para los negocios, los acuerdos en derechos para inversionistas ha ayudado a reducir el costo del comercio y esto han sido buenas noticias para los pequeños negocios, donde dichos costos tienen un impacto mayor en los márgenes de ganancia.

Las empresas ahora pueden apostar a contratos más allá de las fronteras, y quizá uno de los resultados más importantes del TLCAN es la protección de derechos intelectuales a través de las fronteras.

Los políticos han argumentado las desventajas del TLCAN, especialmente aquellos que han solicitado su abolición debido a sus efectos en los empleos dentro de E.U.A., pero se han visto equivocados. Tanto Hilary Clinton como Barack Obama han atacado al TLCAN.

Clinton prometió adherirse a todos los tratados de comercio y enmendar o retirar el TLCAN. Obama dijo que ayudaba a los negocios a costa de los trabajadores en E.U.A. Ron Paul, durante la campaña de elección presidencial de 2008, dijo que aboliría el tratado, una postura que mantuvo en su campaña de 2010. En contra de la corriente estaba el republicano John McCain, quien dijo apoyar todos los tratados de libre comercio ya que son buenos para la economía. ¿Quién tiene la razón?

Todos ellos tienen un poco de razón. Ciertamente algunas industrias, como la manufactura de automóviles, textiles, computadoras y equipo eléctrico han perdido trabajos frente a trabajadores en fábricas mexicanas más competitivas. Esto también ha tenido efectos sobre la inflación en salarios en E.U.A.

Sin embargo, el otro lado es que las tasas de interés y la inflación de precios han sido menores de lo que habrían sido sin el TLCAN.

El TLCAN ha ocasionado una explosión de comercio entre los tres países miembros, y las exportaciones de E.U.A. a México y Canadá han crecido, aumentando más del triple durante la duración del TLCAN.

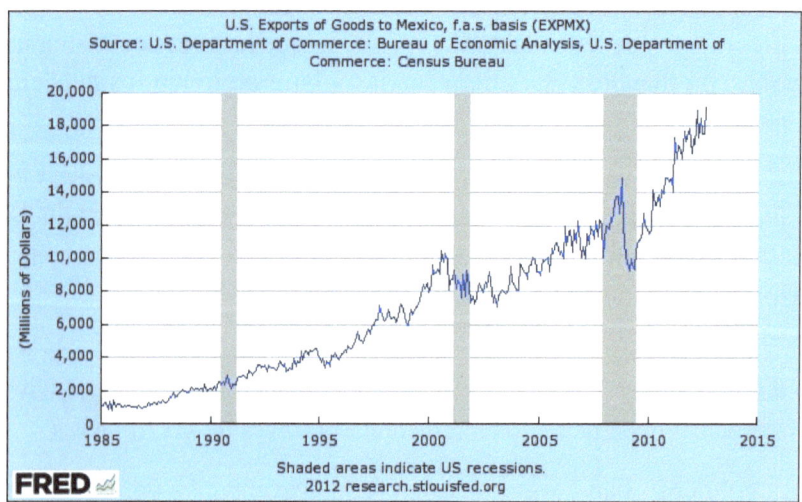

Uno de los principales beneficiarios en E.U.A. del TLCAN ha sido la industria agropecuaria, que ha visto sus exportaciones de México y Canadá crecer a más del 150%. La exportación de granjas en E.U.A. al resto del mundo creció solamente un 65% durante el mismo periodo. México es ahora el principal destino para la carne de res, harina de soya, endulzantes de maíz, manzanas y frijoles de exportación de E.U.A., y el segundo lugar para maíz, soya en grano y aceites de verduras y de semillas. Y los negocios en franquicia del sector alimentario se han beneficiado de este súper crecimiento y costos menores de producción.

La industria de servicios de E.U.A. también ha visto incrementos. Más del 40% de la economía estadounidense opera en el sector servicios, siendo capaz de transportar servicios a México y Canadá vio dichas exportaciones crecer de $25 mil millones en 1993 a más de $105 mil millones en 2007, antes de la crisis financiera de 2008. El valor de importaciones de servicios de Canadá y México es menor a los $40 mil millones.

No son solamente los aranceles menores lo que ha ayudado a la inflación en E.U.A. a permanecer baja. Las importaciones de petróleo mexicano han más que sustituido las importaciones de petróleo de Irán y esto ha ayudado a E.U.A. a tener menores costos en sus combustibles. Y la eliminación de aranceles en los precios de alimentos ha reducido el costo de los alimentos también.

Los estadounidenses siempre han invertido en el extranjero, pero desde el TLCAN, las inversiones canadienses y mexicanas en los negocios estadounidenses, antes de poca consideración, han crecido a una velocidad sorprendente. De hecho, al 2012 (las cifras más recientes) las inversiones mexicanas directas alcanzaron más de $10 mil millones y están aumentando alrededor de $14 mil millones al año. Esto representa inversiones en manufactura, finanzas y servicios bancarios, y ahora será aumentada también por inversiones en la industria petrolera. Y esas han sido noticias enormes para los negocios estadounidenses, que usan dinero extranjero de inversión para aumentar y luego exportar bienes y servicios al país de inversión.

Sin camiones con bienes movilizados

Como verá conforme me conoce, no tengo problema en señalar culpables cualquiera que sea la afiliación política o el lado de la frontera. Esta es una historia que realmente le sorprenderá respecto al TLCAN.

El TLCAN requiere que cada país afiliado brinde a los proveedores de servicios extranjeros "un tratamiento no menos favorable" que el que da a sus nacionales. Usted pensaría que esto se refiere a camiones mexicanos y canadienses que puedan llevar su producto a través de las fronteras y entregar a los importadores.

En los 90's, el Presidente Clinton firmó acuerdos para que los camiones mexicanos pudieran cruzar la frontera y llevar sus entregas de importaciones a E.U.A., pero los sindicatos no estuvieron de acuerdo con esto. El problema es que los camioneros mexicanos reciben salarios de la mitad de los salarios de camioneros estadounidenses. Argumentaron que las empresas camioneras llegarían por miles y robarían los trabajos de los camioneros estadounidenses. Dijeron que los camiones mexicanos y sus choferes eran inseguros. Y presionaron al Congreso. El Presidente de la Cámara de Representantes de E.U.A. en aquel momento, Newt Gingrich, incluso dijo que esperaba 150,000 camiones mexicanos cruzando la frontera en el momento en que se retiraran las restricciones.

Debido a estas presiones, el Presidente Obama detuvo todos los planes de Clinton referentes a los camiones mexicanos: los camiones mexicanos se restringieron en E.U.A. bajo motivos de seguridad. Esto fue hace algunos años y causó revuelo.

México no iba a quedarse esperando y aceptar estos golpes. Reaccionaron fuertemente, aplicando una variedad de aranceles sobre las importaciones estadounidenses. Pero el gobierno mexicano no anuncio un periodo de negociación ni tiempo para dialogar y discutir. Anunciaron los nuevos aranceles e impuestos, y se vieron efectivos siete días después del anuncio.

Ahora, justo en ese tiempo, y con todo esto sucediendo, uno de nuestros clientes había firmado un contrato para movilizar 36 camiones con 800 toneladas de queso desde Wisconsin a México. Cada camión con un costo de $3200. Cuando los camiones de queso se encontraban en camino, estos impuestos fueron implementados. Con un impuesto del

25% repentinamente impuesto sobre el producto, la exportación a México perdió su valor: el queso jamás se vendería.

No había nada que nuestro cliente pudiera hacer, más que regresar el queso y aceptar la pérdida. Los contratos con camioneros fueron cancelados. La compañía perdió dinero, los camioneros se encontraron sin trabajo, los granjeros y productores perdieron empleos. Justo lo que los sindicatos dijeron que estaban protegiendo, la situación que creó Obama, costó trabajos estadounidenses y ganancias. Y eso fue sólo una pequeña parte de lo que sucedió, con un exportador dentro de decenas de millares que se vieron afectados.

Afortunadamente el sentido común prevaleció y tras la firma de nuevos acuerdos el año pasado, a principios de esta año los camiones mexicanos tienen permitido aplicar para obtener licencias para cruzar la frontera.

Capítulo 3

SU NEGOCIO ES SU MARCA REGISTRADA

Marcas registradas en México – La ley

México es ahora parte del Protocolo Madrid que permite el registro simultáneo de marcas en varios países. Una vez registrada una marca, ésta permanece registrada por un periodo de diez años y es automáticamente renovable por el mismo periodo al pagar tarifas para esta renovación.

Una marca registrada puede aplicarse a prácticamente cualquier cosa en los productos de una empresa, incluyendo palabras, símbolos, logotipos y diseños, así como nombres y bienes tridimensionales característicos de una marca registrada. Los diseños están protegidos bajo una forma de protección llamada Diseños Industriales en el IMPI.

La marca registrada debe registrarse en las oficinas de WIPO designando a México como el país de protección, y entonces WIPO notifica al IMPI que se registró una marca bajo el Protocolo Madrid. Una vez hecho esto lo más recomendable es acordar protección de parte de la Autoridad Mexicana de Aduanas. Esto detendrá posibles copias en la frontera, protegiendo su negocio en E.U.A. y en México. MFME puede arreglar esta protección para usted.

No sea gallina en México

Esta es la historia de El Pollo Loco, ahora una exitosa cadena de pollo asado en E.U.A., que originalmente fue desarrollada en México. El derecho de desarrollar la marca en México se le había dado a El Pollo Loco Inc., en 1996, incluyendo todas las marcas registradas.

El fundador mexicano estuvo de acuerdo con la compañía estadounidense que tomaría el concepto y lo cultivaría en México, con un acuerdo de diez años firmado y sellado. Los secretos del negocio, métodos, diseños y otra información confidencial fueron compartidos. La compañía estadounidense utilizó todos estos datos y la usó para fines propios dentro de E.U.A., dejando de lado la oportunidad en México.

El resultado fue que la franquicia en México fue copiada, con imitadores que llevaron esto a tal grado que la ventaja competitiva que tenía El Pollo Loco fue destruida. Para 2004, el mercado de pollo asado en México, ahora un mercado de millones de dólares, fue dominado por estos imitadores, y la rama mexicana demandó a la empresa estadounidense. En 2007, las cortes en California dictaminaron a favor de la empresa mexicana y le otorgaron más de $22 millones.

Esto demuestra qué tan grande es la oportunidad en México para las franquicias, pero también lo importante que es tener a alguien vigilando los intereses de la marca.

¿Qué es una marca registrada?

Una marca registrada muestra la fuente de los bienes y, en el caso de un negocio de franquicia, permite al consumidor distinguir entre ofertas similares. Es una marca de la calidad de un negocio y sus productos. Ayuda al consumidor a identificar rápidamente otros bienes hechos por el mismo productor, y lo que ofrecen las franquicias. El negocio de un franquiciador, igual que el producto de una empresa, tiene su reputación asociada con su marca (marca registrada) y esto afecta directamente las ventas. Una marca registrada puede decirle a los clientes actuales y posibles todo sobre la historia, calidad e incluso el origen de una franquicia.

Una marca registrada también se refiere al renombre de una franquicia y sus productos. Esto afecta directamente el precio al que una franquicia puede vender sus productos. Es imposible separar el renombre de la reputación de una compañía. Todos sabemos que una buena reputación toma años en crearse y solo unos minutos en destruirse.

Cuando el producto de una franquicia se comercia con el uso de una marca registrada copiada, denominado venta en paralelo, las expectativas que se han cultivado en el consumidor pueden ser destruidas. La calidad y el valor seguramente estén carentes en ese producto. Aquí están algunos de los factores de satisfacción al consumidor que pueden verse afectados:

- No hay servicio después de la venta
- No se honran las garantías
- El empaque y las instrucciones en lenguaje deficiente
- Malas instrucciones
- Capacidad de reúso y reciclaje poco exactos en el empaque
- Información nutricional o de salud incorrecta

No sólo se verá afectado el buen nombre de la franquicia, sino también las ventas de sus productos, en el presente y el futuro. Y no crea que porque una marca registrada (o franquicia) está registrada y protegida en los E.U.A., estará protegida en México por ese mismo proceso. Algunas de las más grandes compañías han sufrido por este error, como le demostraré en unos momentos.

Asegúrese de que su manzana no está envenenada

A principios de noviembre 2012, Apple, Inc. perdió una batalla de propiedad intelectual en México. El caso comenzó en 2009 e involucra su marca registrada en E.U.A. y en (casi) todo el mundo, iPhone. En desconocimiento de Apple, cuando comenzó a vender su producto clave en México en 2007, ya existía una compañía llamada iFone en el país.

La compañía de telecomunicaciones mexicana, iFone, había vendido bajo ese nombre durante cuatro años antes de que Apple comenzará a vender su producto iPhone en México. En 2009, iFone inicio una demanda alegando infracción de los derechos de autor  contra el gigante corporativo de E.U.A., alegando que los nombres similares causaban confusión entre sus clientes y consumidores en México.

Ahora parece que Apple deberá compensar a iFone por el uso del nombre iPhone en México.

Lo que esta historia demuestra es la fuerza de la ley de derechos de autor en México: si la marca registrada está registrada en México, sin importar que tan grande sea la compañía que traiga su propio producto, el original será protegido por ley.

Registrar adecuadamente su marca en México significara que puede dar una mordida a la manzana de negocios sin preocuparse de que esté envenenada en su contra.

El IMPI

El IMPI es la agencia pública que maneja todos los derechos de autor industriales en México, y como tal, la aplicación para el registro de marca debe hacerse ante él.

Para cualquier solicitante que desee registrar derechos de autor y resida fuera de México, debe hacer un contrato de mandato para que alguien dirija el registro de la marca y su protección. El contrato de mandato o carta poder debe ser firmado frente a dos testigos y debe declarar que la persona que firma en representación de la compañía que busca el registro de marca tiene la autoridad para hacerlo.

Si el solicitante no es la misma persona que el dueño que tiene los derechos de autor de la marca internacional, los papeles de asignación de la marca registrada al solicitante deberán ser anexadas a las formas de solicitud.

El pago de todas las tarifas debe ser realizado con la solicitud, y estos pagos cubren la tarifa de archivo y las tarifas de examen de la marca registrada. Esta tarifa debe ser pagada en pesos mexicanos y anexada a la solicitud.

Esto puede sonar a un proceso complejo y tardado (puede tomar varios meses pasar de la solicitud al registro). Puede ser que llenar formas de solicitud en español lo llene de desaliento. Pero es seguro que su negocio se beneficiara de la protección de derechos de autor, y sufrirá si no los tiene. Es lo primero que debe hacer antes de vender en México.

Fuentes:

Aquí están los vínculos para el Instituto Mexicano de Propiedad Industrial, o IMPI, y el Servicio de Consulta Externa sobre Información de Marcas:

Instituto Mexicano de Propiedad Intelectual (IMPI)

http://www.impi.gob.mx/

Servicio de Consulta Externa Sobre Información de Marcas

http://marcanet.impi.gob.mx/marcanet/controler/home

Claro que hacer negocios en México y acceder a un mercado con decenas de millones de clientes potenciales no termina con el registro de marca. Sus productos deben estar adecuadamente etiquetados, y si no lo están… veamos qué pasó con Wal-Mart cuando sus etiquetas no cumplieron con los requisitos legales en México.

Capítulo 4

LAS MARCAS IDENTIFICAN, LAS ETIQUETAS EXPLICAN

No crea que porque ha registrado adecuadamente su franquicia en E.U.A., que por ello será inmune a los ataques en México. Las leyes de marcas registradas pueden ser menos relevantes para los negocios de servicios, pero si su franquicia vende bienes y productos entonces debe asegurarse que ha tomado todas las precauciones necesarias para proteger su negocio.

Ya hemos visto como las franquicias que no se cuidan en México pueden ser copiadas rápidamente, e incluso las más grandes compañías pueden perder demandas de registro. He aquí una historia que describe otro problema con el que se enfrentan las compañías estadounidenses con el comercio en México.

En 2007/8, Wal-Mart estaba surfeando la ola de la revolución mexicana de ventas iniciada por el TLCAN. Estaba abriendo tiendas nuevas casi semanalmente y las ventas crecían. Todo estaba de maravilla en el jardín Wal-Mart, y estaba exportando cantidades enormes de productos a México. Este era quizá el ejemplo perfecto de cómo el TLCAN podría brindar éxito para todos: un vendedor estadounidense, con tiendas en México empleando mexicanos y vendiendo productos hechos por productores estadounidenses, exportados de E.U.A. hacia México. La historia de Wal-Mart en ese momento mostraba una zona de comercio funcionando en armonía.

Pero se aproximaban problemas.

Wal-Mart no cambio muchas de sus etiquetas para incluir información del producto en español. Y a las autoridades hispanas no les gusto eso. Wal-Mart declaró que un error de las computadoras fue el causante, y después, error humano. Sin importar cuál fue el problema, las autoridades no tomaron el asunto a bien. Le dijeron a Wal-Mart que cambiara sus etiquetas. Y después cerraron la tienda en Ciudad de México hasta que Wal-Mart cumplió con la orden.

Wal-Mart: no sólo el vendedor más grande en E.U.A., sino el mayor en el mundo. De acuerdo con la lista del Fortune Global 500, en 2012 Wal-Mart es la corporación pública en 3er lugar de tamaño mundial, empleando a más de 2 millones de personas en más de 8,500 tiendas alrededor del mundo. Y aun así una compañía de ese tamaño y estatura cometió un error básico: no escucho los requisitos legales, o quizá, simplemente no se dio cuenta cuales eran las reglas de exportación.

Las reglas de etiquetas mexicanas pueden ser bastante complejas y estar ocultas en las palabras de la NOM-51.

Bienvenido a la NOM-51, ¡la ley que aclara todo!

Los requisitos para etiquetar los productos en preparación para exportación a México pueden ser muy complejos, particularmente para productos alimenticios y suplementos nutricionales. Afortunadamente, todos los detalles están contenidos en las leyes pertinentes, incluyendo la NOM-51. Sin embargo, como muchas leyes, la NOM-51 está sujeta a enmiendas ad hoc que están diseñadas para mantener la ley actualizada con la practica moderna. Además, la ley y sus enmiendas están escritas en español.

Como mínimo, las etiquetas de los productos deben estar en español. Estas etiquetas deben estar sobre el producto cuando son importadas a México, y si no se encuentran ahí en ese momento, la importación será detenida y retenida en la frontera. Puede haber exenciones, pero estas son pocas, y deben ser arregladas con meses de adelanto con etiquetas provistas para ser colocadas dentro de México.

Típicamente, los productos deben estar etiquetados con la siguiente información:

- Nombre del producto
- Cantidad
- Nombre, número de registro y dirección del productor
- Nombre, número de registro y dirección del importador
- País de origen (y hay reglas especiales para esto)

- Advertencias relevantes

- Instrucciones o referencia a un manual de instrucciones, si aplica

Existen leyes que cubren los requisitos de etiquetas para textiles, alimentos empacados y bebidas no alcohólicas, y más leyes que cubren otros productos no cubiertos por otras leyes

Ciertos bienes, como productos con chapa de plata, de cuero y ropa tienen un grupo de reglas de etiquetado, mientras otros textiles y ropa deben seguir un juego diferente de requisitos.

Bajo la NOM-51, los alimentos y las bebidas no alcohólicas deben también incluir:

- Fecha de caducidad
- Instrucciones de almacenaje
- Instrucciones de preparación y uso

Y todo debe ser en español.

Se cometen errores comunes una y otra vez

La experiencia de Wal-Mart fue un caso grande en su momento, y sirvió para resaltar los problemas de las etiquetas sin traducir. Sin embargo muchas exportaciones de E.U.A. a México son retenidas en la frontera, o incluso confiscadas, porque las etiquetas están en inglés.

Muchas compañías creen que una traducción directa de la etiqueta actual en E.U.A., de inglés a español, debe ser suficiente. Pero este no es el caso, ya que hay información adicional requerida en la etiquetas de productos para cumplir no solo con los requisitos de etiquetado para importación sino requisitos generales de etiquetado.

Algunos errores comunes se cometen porque los exportadores intentan ahorrar un poco, usando los conocimientos de empleados que solo trabajan medio tiempo en un área que puede requerir mantenimiento de tiempo completo. Como Wal-Mart descubrió, unos cuantos dólares ahorrados en el lado estadounidense de la frontera puede costar millones en México.

Fuentes:

Requisitos NOM 51

http://dof.gob.mx/nota_detalle.php?codigo=5137518&fecha=05/04/2010

Ahora tiene su marca registrada y protegida, y sus productos están etiquetados adecuadamente para el mercado mexicano, ¿puede ya comenzar a exportar? Aún no llegamos a eso. Antes de que sus productos empiecen el camino al importador, debe asegurarse de que usted, o sus clientes en México, no estarán pagando impuestos innecesarios. Evitar estos gastos innecesarios requiere que entienda la clasificación de los productos.

Capítulo 5

CLASIFIQUE SU PRODUCTO – ES SU DEBER

Como con las marcas registradas, también hay reglas para clasificar sus productos dentro de México y para importación. De nuevo, esto es menos estricto para las franquicias de servicios, pero si está vendiendo productos de cualquier tipo deberá conocer y seguir las leyes de clasificación.

Para demostrar la importancia de la clasificación de productos, quisiera contarle una historia de cuando comencé a exportar a México y fue una gran lección que enseño a todo el mundo: debe conocer su número HS, porque a nadie más le importa. Comencé mi carrera como gerente de exportaciones para mi compañía de distribución de pizza de la familia, Roma Food (www.romafood.com). Mi trabajo era viajar en México y convencer a los distribuidores de comprar nuestros muchos productos incluyendo harina para hacer pizza. En aquel tiempo, vendíamos a México, no en México. Por lo que nuestra entrega era a la frontera, y el importador/distribuidor se encargaba de todo lo demás. Después de un tiempo tuvimos varios distribuidores como clientes en todo México, usando diferentes agencias de importación para manejar el comercio de bienes entre E.U.A. y los importadores. Hablando con uno de mis distribuidores descubrí que él había pagado un impuesto del 5% sobre la harina durante muchos años. Hablando con otros distribuidores, encontré que ellos no estaban pagando ese impuesto del 5% sobre la harina.

Mi distribuidor se molestó bastante cuando le dije que la harina que estaba comprando de nosotros no debía tener impuestos. Por años había estado pagando 5%, lo que significaba que sus márgenes de ganancia eran menores y sus costos mayores, cuando no debía estar pagando nada. Incluso pudimos haber perdido ese cliente debido a la falta de competitividad en los precios. El costo al distribuidor sumaba miles de dólares. La razón fue que su agencia de importación clasifico mal el producto de harina. La agencia la clasifico como harina multipropósito, cuando era harina especial para pizza con ciertas características. Aprendí la lección entonces, que muchas agencias son holgazanas y no les importa que clasificación HS asignen, porque no es su dinero. Debe conocer su número de clasificación HS.

¿Que son los códigos de clasificación HS?

Los códigos de clasificación de producto se utilizan para determinar la tasa y cantidad de aranceles e impuestos que deben pagarse en bienes importados. El Sistema Armonizado de Designación y Codificación de Mercancías (HS) es reconocido a nivel mundial como un sistema estandarizado de nombres y números para clasificar productos de comercio. Ha sido desarrollado y es mantenido por la Organización Mundial de Aduanas (OMA).

La OMA fija estos números, y los países deben utilizarlos. Sin embargo, a pesar de que los aranceles se basan en el HS, los países fijaran sus propias tasas de aranceles sobre estas categorías.

El sistema permite a las naciones exportadoras e importadoras mantener registros del comercio y monitorear y recolectar impuestos. La parte de recolección de impuestos se realiza por las autoridades de aduanas, y se imponen aranceles mayores sobre los bienes que compiten directamente con productores nacionales en cada país que producen bienes iguales o similares. Si no existe un producto competidor dentro de las fronteras de un país, los aranceles no pueden ser recaudados.

Algunos bienes no necesitan permiso de importación y otros sí. El proceso de clasificación es parte del trabajo que permite la correcta identificación de esos bienes que requieren un permiso a diferencia de los que no. Una inadecuada clasificación puede resultar en tiempo y esfuerzos innecesarios aplicando para permisos de importación, así como las implicaciones financieras de bienes erróneamente arancelados.

Importar productos a México solo es viable si el costo de hacerlo no se encuentra fuera de las áreas de competitividad. En general, los impuestos de ventas son recaudados en todos los bienes, pero los aranceles de importación se encuentran para proteger los negocios nacionales. La idea detrás de esto es que los aranceles de importación igualaran el costo de los bienes importados y negaran las ventajas sobre competitividad en precios.

Los bienes que estén mal clasificados podrían tener aranceles de importación aplicados que se encuentren por encima del requisito legal. Esto dañara la competitividad de precio, pero además no pueden reclamarse estos cargos una vez que han ocurrido.

Para que los bienes sean aceptados por las autoridades aduanales de frontera, la documentación de exportación e importación debe coincidir, incluyendo el número HS. Una disparidad ocasionara la retención de los bienes en la frontera, incurriendo en costos mayores y retrasos en su camino al punto de venta.

La clasificación de bienes es un proceso complicado y requiere atención a los detalles. Por ejemplo, la simple tarea de clasificar un horno para exportación/importación requiere confirmación del tipo de horno que es (gas, eléctrico, etc.) así como el uso del horno (doméstico o industrial). En otras palabras, los bienes deben ser clasificados de acuerdo a su forma y su función.

TLCAN y HS

Los productos de E.U.A. tienen aranceles mínimos o están exentos de aranceles al ser importados a México. Sin embargo, las reglas de origen son estrictas. Esto asegura que los bienes sean realmente producidos en E.U.A. y no en otro país antes de su exportación final a México.

Bajo el TLCAN, un Certificado de Origen debe ser firmado por el exportador. Un exportador que no sea productor de bienes puede solicitar al productor proveer el certificado por él, pero la obligación de presentarlo reside en el exportador.

El exportador debe pasar el Certificado de Origen al importador, y este será presentado ante Aduanas para poder calificar para tasas preferentes de aranceles de importación. Cuando el producto no califica para las tasas preferenciales del TLCAN, el Certificado no debe ser llenado ya que la importación puede calificar para otros tratos preferenciales bajo los aranceles de Nación Más Favorecida (MFN).

Las reglas de origen TLCAN se organizan para coincidir con el HS, y el primer paso para evaluar la calificación para aranceles preferenciales de importación es determinar el número HS correcto.

Después de que este ha sido determinado, el arancel adecuado puede ser determinado. Si la tasa MFN es cero, no se requiere certificado TLCAN. Si la tasa MFN no es cero, el número HS debe usarse para ubicar la regla de origen aplicable bajo TLCAN, y puede determinarse la tasa de TLCAN aplicable.

El Certificado De Origen

El Certificado de Origen requiere los nombres y direcciones de los exportadores, productores e importadores, así como una descripción completa de bienes, números HS relevantes, costos, y declaración de origen, y debe ser llenado si los bienes en exportación o por ser exportados en un periodo determinado de hasta un año, excede los $1,000 en valor.

Nombre del Productor

El nombre y apellido del productor de los bienes debe ser incluido, junto con el nombre de la compañía del productor (si aplica).

Código arancelario

El Código arancelario es el número HS especifico al producto, una cifra de entre 6 y 10 dígitos.

Exportador/ Transportista de bienes

Debe estipularse si el transportista es el productor. Si no es así, si los bienes clasifican como bienes de origen, el nivel de confianza del productor si los bienes clasifican como tal, o el Certificado de Origen lleno y firmado debe ser provisto para el exportador por el productor.

Evite errores comunes, use a los Mexpertos

Incluso los exportadores e importadores con experiencia, incluyendo compañías multinacionales, obtienen mal sus códigos HS y llenan incorrectamente los Certificados de Origen. Algunas veces, como en el caso de la harina de pizza mencionado anteriormente, los bienes mal clasificados logran pasar la frontera por años. Esto nunca ocurre cuando los bienes están clasificados con un arancel menor al requerido, sólo cuando el arancel es mayor al que debiera ser.

La mala clasificación costara tiempo, reputación, y de mayor importancia, dinero. Puede significar que productos cruzando la frontera se vuelvan no competitivos en su mercado deseado.

Fuentes:

La Oficina de Censos de E.U.A. tiene una herramienta sencilla y gratuita en su sitio web, junto con un breve video educativo que muestra cómo encontrar el código exacto de 10 dígitos que necesita. Este es el vínculo:

Buscador de Schedule B

https://uscensus.prod.3ceonline.com/

En resumen

Como puede ver, soy muy apasionado sobre los negocios en México. Creo que existen una gran variedad de compañías en E.U.A. que están perdiendo una gran oportunidad al ignorar el mercado vecino. He ayudado a pequeños negocios a crecer simplemente llevándolos a México.

Existe un mercado en crecimiento esperando. La razón por la que escribí este libro es para que usted también pueda ver el enorme potencial que es México. Espero haberle ayudado, espero haya aprendido mucho y ahora tenga las herramientas para comenzar una emocionante aventura al exportar sus productos a México.

Por supuesto, este libro solo trata del inicio de la aventura. Una vez que comience, entonces necesitará entender los detalles de las franquicias, publicidad y ventas en México y como llegar a posibles franquiciadores y distribuidores. Y después de haber hecho eso, la ejecución de su estrategia de franquicia, entrega de productos y logística.

Mi libro **Las tres cosas que necesita saber antes de iniciar su franquicia en México,** le explicará todo lo que necesita saber para convertirse en Mexperto, como mis colegas y yo en MFME. O quizá desea hablar directamente con nosotros. ¿Por qué no visita el sitio web MFME, www.mexicofranchisingmadeeasy.com para mayor información sobre nosotros y el libro que le ayudará a su negocio a prosperar?

Capítulo Adicional

Chris Martinez - Website En 5 Dias

¿QUÉ TAL QUE PUDIERAS VIAJAR DE REGRESO EN EL TIEMPO?

"Me gustaría viajar 15 años al pasado cuando todo en internet era menos competitivo y más barato"

Zach Linford - Especialista de Optimización en Conversión

En enero de 2015, el reconocido Especialista de Optimización en Conversión Zach Linford dijo como le gustaría viajar al pasado al inicio de los 2000 cuando el mundo del mercado por internet estaba en su infancia y las ganancias eran más fáciles y menos competitivas.

En este capítulo, aprenderá sobre las oportunidades de ganar dinero en línea fácilmente, igual que como era al principio de siglo, es posible en México con los métodos adecuados.

E.U.A. en internet en el 2000

Comencemos viendo a los Estados Unidos como eran en el año 2000. En ese momento, alrededor de 281 millones de personas vivían en E.U.A., con un Ingreso Promedio por Hogar de $42,148 anuales y un costo de vida alrededor de $119,600.

Desde una perspectiva de internet, el 43.1% de los estadounidenses tenían acceso al internet y Google lanzó Google Adwords conectando a los publicistas con los consumidores por cantidades tan bajas como 5-10 centavos por **clic.**

Aquellos que se adaptaron rápidamente a esta nueva tecnología, fueron capaces de ganar millones de dólares y crear fortunas masivas casi a voluntad. En este tiempo, simplemente con tener un sitio web y dirigir tráfico a través de él se podían ganar grandes cantidades de dinero y lograr ventas con pocos esfuerzos.

E.U.A. en internet en el 2015

Ahora veamos a Estados Unidos en el paisaje de internet en 2015. Actualmente hay alrededor de 319 millones de personas habitando en E.U.A., el Ingreso Promedio por Hogar es de unos $50,500 dólares anuales, y el costo promedio de vida de $178,500.

Desde el año 2000 hemos visto un aumento dramático en el uso del internet y actualmente el 86.7% de los estadounidenses tienen acceso a él. Con ese aumento en los usuarios, los costos de Google AdWords también han aumentado a cifras entre $2 y $300 por clic.

Así que le preguntamos lo siguiente…

Sabiendo lo que sabe actualmente…

"¿Qué haría para regresar al pasado y crecer de nuevo tu negocio en línea desde el principio?"

¿Aceptaría la tecnología digital con mayor facilidad? ¿Cambiaría su enfoque para generar comercio electrónico pasivo que requiere poco o nulo personal? ¿Aceleraría su camino por las redes sociales para capturar posibles clientes en sitios web como Facebook y Twitter?

La mayoría de los negocios responderían "Sí" a todas estas cosas porque ahora se ha demostrado que cada una de ellas lleva a ingresos y mejor comercio.

México en internet en el 2015

Es momento de ver al estado actual del mundo en línea en México. Mientras algunos de los números parecen diferentes comparados con los números actuales de Estados Unidos, la relevancia es notoria. Actualmente, existen aproximadamente 122 millones de habitantes en México, con un Ingreso Promedio por hogar de $9,747 dólares anuales ($146,205 pesos), y el precio promedio de un hogar es de $38,438 USD ($576,570 pesos).

El número más sorprendente es que 43.5% de los mexicanos tienen acceso a internet (5.3 millones de personas), que es casi el número exacto a las estadísticas de acceso a internet de E.U.A. en el año 2000.

Además, en 2015, México será el 8vo país más grande en consumo de internet, superando a Alemania.

México también se está adaptando a la tecnología de internet móvil más rápido que cualquier otro país en América. Por ejemplo, en 2012, del total de personas que tenían acceso a internet, sólo el 34% de ellos podía acceder a internet a través de un dispositivo móvil. Sin embargo, para 2013 ese número casi se DUPLICÓ a 64% en tan solo un año.

Redes sociales: E.U.A. vs. México

Las redes sociales también juegan un papel importante en el uso diario, incluso más que en Estados Unidos. No sólo la cultura mexicana está más orientada al involucramiento social, sino que el crecimiento del internet en México ha sido paralelo al crecimiento de Facebook, a diferencia de en E.U.A. que nuestro crecimiento ha sido paralelo a Google.

Explicado simplemente, en E.U.A., cuando pensamos en internet pensamos en Google. Por ejemplo, si alguien le hace una pregunta y no sabe la respuesta, simplemente respondería "Búscalo en Google". Sin embargo, en México, cuando piensan en internet, inmediatamente piensan en FACEBOOK, por lo que es muy importante que las marcas estadounidenses entiendan la importancia de la presencia en Facebook y cómo debe ser empleada para crecer su mercado y el involucramiento de sus clientes.

En Estados Unidos existen aproximadamente 180 millones de usuarios en Facebook de 18 años o mayores. En México existen aproximadamente 50 millones de usuarios en Facebook de 18 años o mayores. Aunque existen más del triple de usuarios en E.U.A., el porcentaje de usuarios de internet en Facebook en cada país es sorprendente.

En E.U.A., 67% de los usuarios de internet tienen una cuenta de Facebook. En México, la sorprendente cifra de 92.5% de los usuarios de internet tienen una cuenta de Facebook. En cuanto a uso, México es líder en Latinoamérica y potencialmente en el mundo en el número de usuarios de redes sociales en relación con el número total de usuarios de internet.

Un estudio reciente por Comscore muestra que el 45% de los usuarios de redes sociales en México siguen al menos una marca y la principal motivación tras esto es aprovechar posibles descuentos en precios de productos. También el 65% de los usuarios de redes sociales en México son menores de 35 años, lo que significa que capturar a la generación joven de mexicanos puede lograrse con relativa facilidad a través de Facebook.

Las principales páginas en Facebook

A continuación hay algunas de las principales páginas de Facebook en México y si pone atención notará que cada una de ellas es esencialmente una forma de entretenimiento para sus seguidores. Como marca, si puede brindar contenido entretenido para sus seguidores, obtendrá una base de clientes leales a través de Facebook.

Wereverwero: 17.9 millones de seguidores

Mana: 16.6 millones de seguidores

Reik: 16.1 millones de seguidores

Redes sociales: México

A continuación una ilustración de Comscore que muestra algunas de las oportunidades para las marcas de vincularse con sus consumidores en México a través de Facebook y otras plataformas de redes sociales.

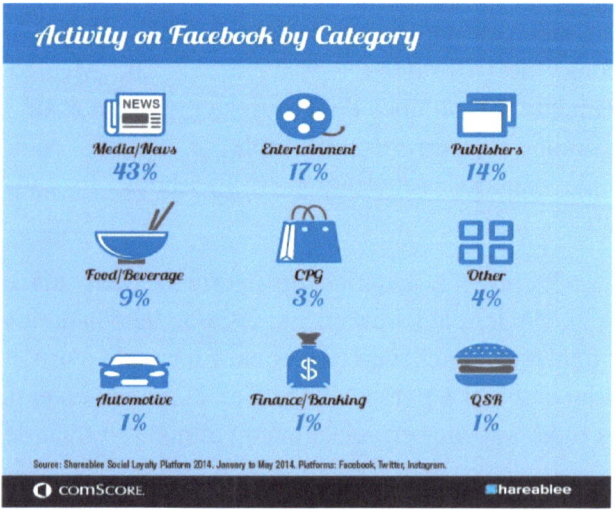

Mientras el enfoque dominante de la actividad en Facebook en México parece ser Medios y Entretenimiento, la razón por la que los mexicanos no se involucran con marcas y vendedores es porque las empresas simplemente están ignorando las redes sociales por completo. Las empresas existentes en México han fallado en ver la importancia de las redes sociales y no han entrado al juego. Esto da una enorme oportunidad a otras compañías para involucrarse profundamente en las redes sociales en México.

How much is post type strategy affected by vertical in Mexico?

Post	Photo	Video	Status	Link
Entertainment	73.0%	3.2%	5.4%	18.3%
Media/News	39.4%	1.8%	2.6%	56.1%
Retail	87.1%	3.5%	5.0%	4.4%
Engagement				
Entertainment	76.5%	2.1%	0.9%	20.4%
Media/News	81.4%	0.4%	0.6%	17.5%
Retail	94.9%	1.5%	2.5%	1.0%

Source: Shareablee Social Loyalty Platform 2014. January to May 2014. Platforms: Facebook, Twitter, Instagram.

comSCORE · shareablee

En esta imagen verá que las redes sociales en México involucran muchas imágenes, así que integrar fotografías en sus textos y anuncios es increíblemente importante. También sugiere que plataformas para compartir imágenes como Instagram y para compartir videos como YouTube y Vine también pueden potencialmente tener grandes oportunidades de crecimiento en México.

YouTube en México

El consumo de videos en línea en México también está creciendo de manera exponencial, incluso con personalidades individuales que hasta recientemente han sido ignoradas por los medios principales, están ahora adquiriendo enorme popularidad nacional a través de YouTube. Conforme estas personalidades ganan audiencias y crean sus propios "canales", hay pocas o ninguna marca que patrocine a estos individuos o siquiera se anuncie en sus canales de YouTube.

Por ejemplo, el principal canal de YouTube en México en cuanto a vistas es Wevertumorro, con un total de 1.2 mil millones de vistas en todos sus videos. Mientras sus videos son típicamente cómicos o satíricos, el simple número de vistas hace de éste una excelente oportunidad de anuncio para cualquier marca.

Mientras la publicidad por televisión aún es accesible en estándares estadounidenses, los anuncios en YouTube en los canales populares mexicanos es una manera más eficiente de involucrarse con la población mexicana y puede dar mejores resultados.

Importancia de sitios web locales

Cuando el internet comenzó a crecer en Estados Unidos a principios de los 2000, no era poco común que una empresa local apareciera en los resultados orgánicos en cualquier lugar del país. Sin embargo, conforme más personas se conectaron, los publicistas se hicieron más sofisticados, avanzó la identificación de direcciones IP, Google comenzó a enfocarse en conectar a las personas con empresas locales. Por eso es muy difícil que un negocio tenga una presencia orgánica en todo el país.

La importancia de tener una presencia local en línea en México es similar a como es en E.U.A. Las franquicias deben enfocarse en crear diferentes sitios web individuales para cada ubicación para que sea más fácil y efectivo promocionarse en esas áreas. Los clientes, en particular cuando buscan desde móviles, quieren visitar negocios locales, por lo que cada negocio necesita su propio sitio web.

Esto presenta una enorme oportunidad para los negocios locales ya que muchos negocios en México aún no tienen sitios web. Mientras que en E.U.A. casi cada industria se ha vuelto extremadamente competitiva, el paisaje en México no es así. Con el acercamiento adecuado, un negocio local puede dominar el mercado en línea y poseer el mercado local.

Tome por ejemplo la historia de Héctor Bravo. En Estados Unidos, la plomería es una de las industrias más competitivas en línea. Puede tomar hasta $20 mil USD y más de un año aparecer en la primera página de Google para la palabra "plomero (y su ciudad)" si es un negocio local. Pero este no es el caso en México en este momento.

Si visita Google y escribe "Fontanero Guadalajara" (fontanero es sinónimo de plomero), el primer resultado que encontrará es un hombre llamado Héctor Bravo y su sitio web Wix gratuito:

http://fontaneroguadalajara.wix.com/fontanero

Prácticamente por accidente el Sr. Bravo logró asegurar el primer lugar en una de las industrias más competitivas en línea y en una de las más avanzadas ciudades en México. Héctor Bravo es literalmente uno de los plomeros con más suerte en el mundo. Esta sentado en una mina de oro y quizá no lo sabe.

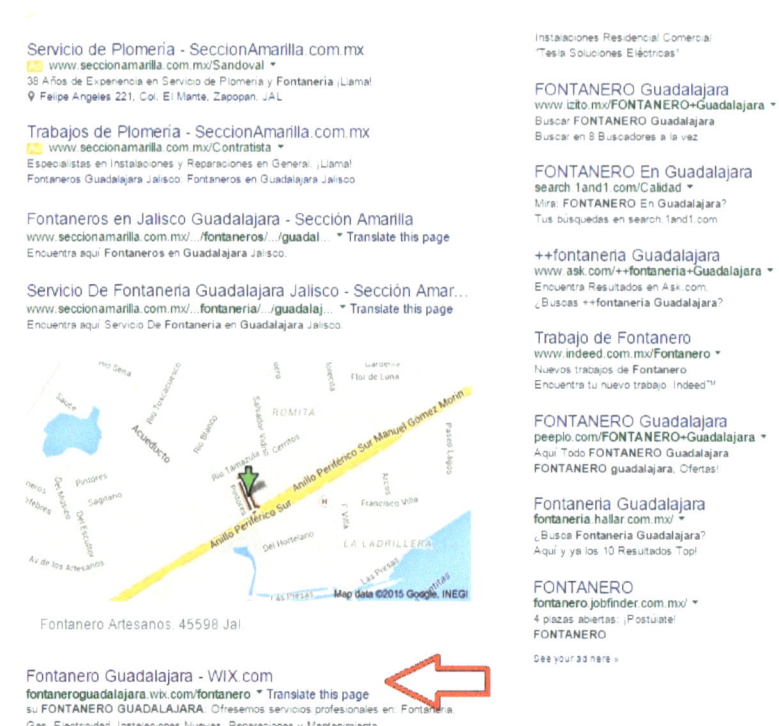

Simplemente imagine lo que puede hacer con la estrategia adecuada, el equipo adecuado de expertos y la implementación adecuada. Con poco trabajo, puede fácilmente colocarse en Google para búsquedas múltiples y puede generar guías e ingresos fácilmente y a un costo muy bajo.

Costos de publicidad en línea

Como Zack mencionaba anteriormente, una de las mejores cosas de la publicidad en internet en E.U.A. en el 2000 era que los costos de dirigir tráfico eran muy bajos. Como podrá ver a continuación, los costos de publicidad para una compañía de donas en México son extremadamente asequibles y con resultados fantásticos.

En un lapso de 72 horas, hicimos una prueba para un negocio ficticio de donas (llamado Donuts Guadalajara) en un intento de generar guías. Esta compañía no tiene reconocimiento de marca, no tiene reputación en línea y no tiene calificaciones de productos. Además, no hicimos pruebas de los anuncios ni de la página de aterrizaje y sólo nos dirigimos a personas en Guadalajara. Era el equivalente de la publicidad en línea en E.U.A. en el año 2000.

Nuestros anuncios se publicaron en Facebook dirigidos a una página de aterrizaje donde el usuario podía redimir nuestro cupón para "una docena de donas gratis" y puede ver las muestras a continuación.

Anuncio de Facebook:

Página de aterrizaje:

En esas 72 horas, logramos algunos resultados bastante sorprendentes. En menos de tres días, nuestra campaña de docena gratis generó 1216 clics, 923 visitantes únicos (algunas personas hicieron clic más de una ocasión) y 369 guías (personas que dieron su correo electrónico para recibir el cupón).

Nuestra tasa de conversión para esta campaña fue del 40%, cuando típicamente sólo es de alrededor del 10% en E.U.A. Nuestro costo por clic fue de sólo $0.03 comparado con $0.60 en E.U.A., y nuestro costo por guía fue de sólo $0.11 comparado con $50 en E.U.A. Nuestro gasto total de la campaña fue sólo de $39.91 para generar las 369 guías.

Además de las guías generadas, el involucramiento social también fue impresionante. Nuestro anuncio produjo 192 "me gusta", 42 compartidos, 33 comentarios (principalmente personas preguntando la dirección y la fecha de apertura) y 6 mensajes en Facebook.

Esto demuestra que: a) Facebook es una herramienta fantástica para generar guías para donas, y, b) que las personas desean conectar y socializar con una compañía de donas a través de Facebook.

Soluciones WebsiteEn5Dias.com

Como puede ver, el mercado mexicano en línea brinda muchas oportunidades sorprendentes para aquellos dispuestos a avanzar, sin embargo también brinda muchos retos para quienes no tienen el entendimiento adecuado de la cultura y del paisaje digital que hacen de México un lugar único.

Usando nuestra experiencia llevando negocios estadounidenses a México a través de México Franchising Made Easy y nuestra experiencia en diseño web, manejo web y publicidad en línea a través de WebsiteEn5Dias.com, nos gustaría ayudarle a expandir su negocio al área digital en México con rapidez y ganancias.

Nuestra propuesta es brindarle el equipo de expertos que le ayude a implementar los sitios web y de publicidad así como el apoyo en línea para darle a cada franquicia el equipo dedicado de apoyo que les permita crecer su negocio específico en su comunidad local.

A continuación una lista de los servicios que brindamos:

1. **Establecer un sitio web de conversión optimizada y compatible con dispositivos móviles**

Creamos sitios web personalizados en español para su negocio. Cada sitio estará optimizado para maximizar las guías y el involucramiento y el diseño responsivo dará a usuarios móviles una gran experiencia en línea.

2. **Optimizar su sitio web local para Google Search/SEO y que domine cada mercado local antes de que aumente la competencia**

Brindamos servicios de SEO (Search Engine Optimization, optimización de buscadores) para cada negocio local para que logren rangos orgánicos en Google.com.mx para sus términos de búsqueda.

3. **Enfocar en crear involucramiento en redes sociales con fotos e iniciando conversaciones**

Como hemos demostrado aquí, México es un país dirigido por redes sociales, lo que brinda enormes oportunidades para las marcas y su conexión con sus clientes. Nuestro equipo ayudará a cada negocio a crear sus redes sociales locales creando involucramiento con imágenes y conversaciones en línea.

4. **Utilizar publicidad en Facebook para lograr tráfico de alta calidad y bajo costo utilizando promociones**

Como hemos demostrado, podemos crear guías con inversiones mínimas para cada negocio local. Crearemos campañas publicitarias similares para ayudar el lanzamiento de cada nueva ubicación, pero también para crear otras campañas que mantengan el tráfico.

5. **Correr Google AdWords sobre canales de YouTube**

Nuestro equipo también ejecutará y manejará Google AdWords en los principales canales de YouTube en México. Desde la creación de anuncios de texto, hasta el enfoque, haciendo ajustes para maximizar el involucramiento, cada ubicación recibirá un equipo dedicado a ayudarle a capturar guías y clientes a través de YouTube.

6. **Consultoría de publicidad en línea ilimitada para ayudarle a hacer su estrategia para ganar**

Como los empresarios mexicanos comienzan a entender el poder de las redes sociales y la publicidad en línea, tendrán muchas preguntas sobre cómo y por qué podemos ayudarles a crecer su franquicia en línea. Nuestro equipo de publicistas expertos y consultores darán un lugar para que sus franquiciadores llamen y obtengan una respuesta a todas sus preguntas y puedan hacer cambios a sus sitios web, redes sociales y publicidad según se requiera.

7. **Brindamos el equipo de expertos para crear presencia en línea en México**

Mientras nosotros, el equipo de expertos en México, le ayudamos a su negocio a triunfar en línea en este país con la atención personal y apoyo dedicado a las franquicias locales, el valor principal que le brindamos es que nos hemos convertido en su socio para ayudar a su negocio a dominar el paisaje en línea en México con rapidez y poco esfuerzo. Brindamos una solución de publicidad digital clave para ayudar a manejar todas sus necesidades en línea en México.

Conclusión

Como con muchas cosas en los negocios, tener el equipo adecuado puede significar la diferencia entre éxito y fracaso. No es diferente cuando construye su presencia web en México. Mientras muchas de las técnicas de publicidad que usamos en E.U.A. funcionarán muy bien en México, hay pequeñas variaciones en la cultura y el paisaje en línea que pueden hacer impactos grandes en su ROI. Si su equipo tiene el conocimiento de la cultura en México y entiende el idioma, entonces tome este capítulo e implemente lo aprendido. ¡No hay tiempo que perder!

Sin embargo, si su equipo carece de las habilidades, tiempo o experiencia cultural, permítanos lanzar su presencia en línea en México por usted. No hay segundas oportunidades para hacer una primera impresión y con el alcance social en México su marca necesita dar el mejor paso o el daño a su marca puede tomar años en reparar.

Cualquier camino que elija, México es una de las mejores oportunidades en línea en todo el mundo, así que lo aliento a aceptar esta oportunidad y hacer lo mejor de esta oportunidad mientras aún esté disponible.

Casos De Estudio

México Franchising Made Easy ha tenido la fortuna de trabajar con algunas empresas sorprendentemente divertidas y exitosas. Para capturar las lecciones y estrategias, me gusta entrevistar a mis clientes o presentarlos como estudios de caso como una manera para ayudar a otros.

Vidbox México

Entrevista con Daniel Ortega, vicepresidente de ventas para Vidbox México

MSME: ¿Qué hace su compañía?

DANIEL: Tenemos bases en Tijuana, México, y con la ayuda de MSME estaremos llevando nuestro negocio a nivel nacional pronto. Somos una innovadora compañía que tiene quioscos automatizados de venta que rentan películas y videojuegos. Estamos llevando el éxito de Redbox a México.

MSME: Díganos en qué manera le ayudo MSME a lograr sus metas y objetivos.

DANIEL: Han hecho todo por nosotros para ayudarnos a lanzar el proyecto de la manera más fácil y rápida posible. Nos ayudaron con todos los requisitos legales para operar este tipo de máquinas en México, dirigieron cada aspecto legal al respecto. Incluso registraron nuestro nombre Vidbox y manejaran todas las importaciones de los equipos y la logística de colocar los quioscos. No solo eso, incluso nos citaron en persona con cada comprador de las más grandes cadenas comerciales en el país a través de su "CEO Tour" que se llevó a cabo unos meses atrás. ¿Dónde más puede conocer a todos los compradores en un periodo de tres días? Fue fantástico.

MSME: ¿Tuvo algún problema antes de comenzar a trabajar con MSME?

DANIEL: Nos mostraron los ABCs de negocios en México y como aplicarlo a nuestro mercado especifico, trabajaron con nosotros hasta los detalles mínimos en los campos comerciales, publicitarios, legales y logísticos.

Desarrollaron un sistema que nos permitió tener los quioscos en México por un precio casi 35% por debajo de otros presupuestos, y la mitad del tiempo de importación, lo que significo ahorros enormes. Recomendaría altamente usar a Mexpertos por cualquier negocio que desee ampliarse a México, particularmente si no tiene idea sobre la cultura de negocios en México.

Si quiere más información sobre Vidbox, visite www.vidboxmexico.com.

BLUE LINE FOODSERVICE DISTRIBUTION

Entrevista con Mathew Ilitch, presidente de Blue Line Foodservice Distribution

MATT: Nos encargamos de la distribución de Little Caesar's Pizza en EUA e internacional y nos encontramos en Farmington Hills, Michigan.

MSME: ¿Qué problemas tenía con su negocio antes de contactarnos?

MATT: No había un lugar donde obtener información completa sobre como enviar a México. Necesitábamos saber todo y necesitábamos hacerlo sin que cada franquicia tuviese que lidiar con diferentes precios de insumos y la importación y distribución de esos productos.

MSME: ¿Qué hicieron los Mexpertos específicamente para ayudarle?

MATT: Explicaron y ejecutaron toda la importación y distribución y nos ayudaron a entender cómo manejar las entregas de papel, provisiones y equipos a las tiendas Little Caesar's en todo México. Ahora manejan la logística de los equipos de restaurantes y están abriendo un almacén en bonos que ahorrará miles de dólares a las franquicias.

MSME: ¿De qué otra manera le han ayudado los Mexpertos a hacer negocios en México?

MATT: Nos mantienen actualizados sobre nuevas leyes y regulaciones que afectan nuestro negocio en México, por adelantado antes de que se requieran los cambios. Sus metas son continuamente mejorar nuestro servicio a las franquicias, al tiempo que disminuimos costos.

Si quiere más información sobre Blue Line Foodservice Distribution, por favor visite www.bluelinefd.com.

Alan Tawil con Gloria Jean's Coffee y Quiznos Subs

Alan Tawil es el franquiciador maestro de Gloria Jean's Coffee y Quiznos Subs en México. Se sentó con nosotros para compartir algunas palabras sobre el traer estas franquicias de primer mundo hasta México.

Dime un poco sobre ti:

Me gusta trabajar y ejercitarme, pero también soy un hombre de familia. Me gusta pasar tiempo con mi familia, especialmente mis sobrinas.

¿Cómo entraste a las franquicias en México?

Mi padre siempre se ha dedicado a las franquicias, pero él se especializaba en ropa y su venta. Pasé un tiempo en Australia, y amaba ir a los cafés Gloria Jean's Coffee. Me gustaron tanto, que supe que quería traerlo a casa conmigo, y así decidimos traer la marca a México.

¿Cómo supiste de México Franchising Made Easy?

Conocí a Sandro a través de contactos con Nery's Logistics cuando trabajaba con ellos. He trabajado con Sandro por muchos años.

¿Cómo ha sido tu experiencia con MFME?

Mi experiencia ha sido muy agradable. Sandro y MFME nos han ayudado con consultas de logística, mercadeo, ventas de franquicias y estrategia de negocios en México.

¿Qué ha hecho MFME para ayudarte?

El equipo de MFME sabe mucho de mercadotecnia. Es ahí donde su conocimiento ha sido más valioso. No es solo sobre exportar una franquicia a México, sino venderla de tal manera que las personas quieran gastar su dinero en tu negocio.

¿Qué es lo que más te gusta sobre hacer negocios en México?

Amo hacer negocios en México porque es un país en crecimiento y expansión económica. Es un país muy grande, así que hay mucho espacio para crecer.

¿Dónde ves tu negocio en los próximos 5-10 años?

En ese tiempo quiero convertirme en uno de los cinco principales franquiciadores de compañías en México.

Qué hacer ahora

"La manera en que veo las oportunidades, sigo diciendo que sí, hasta que haya una razón para decir que no. En ocasiones toma 15 segundos o 15 meses de hacer las preguntas correctas para decir que no." - Sandro Piancone

Los métodos y estrategias que he discutido en este libro le ayudaran a ampliar y profundizar su mercado. La expansión internacional se encuentra a una frontera de distancia, con una de las sociedades afluentes de mayor crecimiento justo a nuestro lado.

Todo lo que he escrito en estas páginas ha sido probado y demostrado y afinado a la perfección, primero con mis propias compañías expandiendo sus negocios y ganancias en México, y luego añadiendo la flexibilidad que los clientes individuales necesitan.

La respuesta a la pregunta original al principio del libro, "¿Puedo hacer franquicia de mi negocio en México?" es un definitivo sí. Desafortunadamente no tengo el espacio para contar todos los éxitos que México Franchising Made Easy ha logrado a lo largo de los años. Pero si desea saber más, por favor envíe un correo o contacte a los Mexpertos en www.Mexicofranchisingmade easy.com

Claro que para asegurar el éxito de su producto y sus ganancias de sus nuevos clientes mexicanos necesita seguir un plan y crear nuevas estrategias de éxito.

Nuestra oficina está en San Diego, California. Si desea contactarme directamente para consultorías, charlas o comentarios sobre el libro, por favor envíe un correo electrónico a spiancone@mexicofranchisingmadeeasy.com o llame a mi oficina al (619) 616-2973.

Sobre el Autor: Sandro Piancone

Sandro es un empresario en serie. Inicio su primer negocio a los 10 años, colocando videojuegos en puntos de venta como pizzerías, restaurantes, bares y cafés para un amigo de su padre. A finales de los 70's hubo buenos tiempos para las personas en el negocio de los videojuegos, y Sandro ganaba $50 por cada colocación que lograba: mucho dinero en aquel entonces, especialmente para un niño. De alguna manera, Sandro encontró el mercado, obtuvo ganancias, y se dirigió a una afición más lucrativa: la colección de historietas.

Habiendo fundando y creado varios negocios exitosos desde entonces, ahora se describe a sí mismo como un Directo Ejecutivo "en recuperación" de una compañía pública de comercio en alimentos en México. Sandro ha introducido una variedad de marcas estadounidenses a México y ha ayudado a crear marcas multimillonarias, incluyendo Miller Beer, Thrifty Ice Cream, Roma Food y Rockstar Energy Drinks. Es miembro de varias juntas corporativas, dando consejos sobre asuntos como derechos de autor y requisitos de etiquetas. Actualmente trabaja con clientes incluyendo Little Caesar's Pizza, Queso Nery's, Nery's Logistics y 5-hour Energy. Desde 1998, ha generado más de $500 millones de dólares en ventas y ganancias para sus clientes y socios, ayudándolos a exportar sus productos a México.

Trabaja arduamente para asegurarse de que sus clientes y sus productos lleguen a su mercado rápidamente y con la mayor facilidad posible.

En su propio negocio cometió todos los errores que pudo haber cometido en el traslado de E.U.A. a México. Ha tenido productos detenidos en la frontera mexicana porque el papeleo era incorrecto. Pero solo una vez. Ha visto sus productos afectados por competencia injusta dentro de México. Pero solo una vez. Cada vez que ha cometido un error, ha aprendido del mismo.

Es esta experiencia, su dedicación al cuidado de sus clientes, y una actitud de brindar una ejecución perfecta de sus labores que trae a su empresa y comparte con su equipo.

Cuando no está viajando en México, Sandro vive en San Diego con su sorprendente esposa K, y sus dos lindos M&Ms. Disfruta coleccionar exóticos libros "primera edición autografiada" (tanto libros de historietas como autobiografías).

Sus oficinas están en San Diego, California. Si desea contactarlo directamente para consultorías, charlas o comentarios sobre el libro, por favor envíe un correo electrónico a spiancone@mexicofranchisingmadeeasy.com o llame a sus oficinas al (619) 616-2973.

¿Cómo Obtener Sus Regalos Gratis?

GRATIS - Newsletter $99
www.mexicosalesmadeeasy.com/freenewsletter.html

Busqueda De Marca Registrada En México GRATIS $249
www.mexicosalesmadeeasy.com/trademark.html

GRATIS – Reporte Especial -
Las 3 Cosas Que Necesita Saber Antes De Vender En México

GRATIS – Reporte Especial -
Las 5 Principales Razones Por Las Que Su Producto Se Atorará En La Frontera

www.mexicosalesmadeeasy.com/report.html

www.ingramcontent.com/pod-product-compliance
Lightning Source LLC
Chambersburg PA
CBHW040814200526
45159CB00024B/2957